AF495863

PARIS. — IMPRIMERIE DE J. CLAYE ET Ce,
RUE SAINT-BENOIT, 7.

LES

NOCES DE CANA

DE

PAUL VÉRONÈSE

GRAVURE AU BURIN

PAR M. Z. PRÉVOST

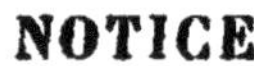

NOTICE

PAR

THÉOPHILE GAUTIER

PRÉCÉDÉE

DE LA BIOGRAPHIE DE PAUL VÉRONÈSE

PAR

M. FRÉDÉRIC VILLOT

CONSERVATEUR DE LA PEINTURE AU MUSÉE NATIONAL DU LOUVRE

Cette Notice est donnée gratis aux souscripteurs à la gravure des *Noces de Cana*.

PARIS

GOUPIL ET Cᵉ, ÉDITEURS D'ESTAMPES

19 BOULEVART MONTMARTRE, ET 12 RUE D'ENGHIEN

Maisons à Londres, Berlin et New-York

SOUSCRIPTION

A LA GRAVURE AU BURIN

DES

NOCES DE CANA

PAR

M. Z. PRÉVOST

PRIX :

Épreuves d'artiste, sur papier de Chine		....	400 fr.
D°	avant la lettre, papier de Chine	....	280
D°	d°	papier blanc	240
Épreuves avec la lettre,		papier de Chine	140
D°	d°	papier blanc	120

DIMENSIONS DE LA GRAVURE :

Hauteur 58 centimètres, largeur 85 centimètres.

NOTICE BIOGRAPHIQUE

SUR

PAUL VÉRONÈSE[1]

Paolo Caliari, dit Paolo Veronese, naquit à Vérone en 1532. Son père, Gabrielle Caliari, sculpteur, le destina d'abord à sa profession et lui apprit à modeler; mais bientôt, entraîné par un penchant irrésistible vers la peinture, il entra à l'atelier de son oncle, Antonio Badile. Vasari prétend qu'il eut pour maître Giovanni Carotto, qui avait des connaissances éten-

[1] Cette Notice est une de celles dont M. Frédéric Villot, conservateur de la peinture au Musée du Louvre, a enrichi le nouveau livret rédigé par ses soins. C'est avec son autorisation que nous l'avons reproduite, et nous saisissons avec empressement cette occasion de lui offrir, ainsi qu'à toutes les personnes qui ont bien voulu nous aider à mener à bien une entreprise aussi considérable que celle de la gravure des *Noces de Cana*, l'expression sincère de notre reconnaissance.

Au nombre de ceux que nous ne saurions trop vivement remercier

dues en architecture et en perspective. Les gravures d'Albert Durer, les dessins du Parmesan, furent des modèles qu'il copia assidument pendant plusieurs années. Il fit des progrès rapides, et après avoir terminé différents travaux à Vérone, il fut conduit à Mantoue par le cardinal Ercolo Gonzaga, avec plusieurs de ses compatriotes, pour peindre plusieurs tableaux dans le Dôme. Le jeune Paolo, dans ces travaux, se montra supérieur à ses compagnons, et revint à Vérone; mais n'y trouvant pas assez d'occupations, il passa à Vicence; puis à Venise, où il s'établit.

Ses premières peintures, exécutées en 1555 dans la sacristie et dans l'église Saint-Sébastien, le placèrent immédiatement au rang des premiers artistes de l'époque, et son triomphe fut complet lorsque à la suite d'un concours établi par les procurateurs de Saint-Marc pour la peinture du plafond de la bibliothèque,

est M. Charles Béranger. A l'exemple de Paul Véronèse, qui copiait et recopiait les œuvres des grands maîtres ses prédécesseurs, M. Béranger a bien voulu, lui créateur si plein d'originalité, consacrer une année entière à l'exécution de la copie qui a guidé M. Prévost pendant tout le cours de son travail. Cette copie, la plus complète, à tous les points de vue, de toutes celles qui ont été faites d'après la peinture de Paul Véronèse, restera comme une des meilleures productions d'un artiste déjà riche en œuvres remarquables.

(*Note des éditeurs.*)

ses rivaux lui décernèrent eux-mêmes la chaîne d'or destinée au vainqueur. Après cette lutte mémorable, Caliari fit un voyage à Vérone, puis revint à Venise, où il travaillait en 1560 à Saint-Sébastien, ainsi qu'au palais ducal. Le procurateur Girolamo Grimano ayant été envoyé par la république en qualité d'ambassadeur près du saint-père, Paolo l'accompagna. La vue des ouvrages de Raphaël, de Michel-Ange, et surtout l'étude des chefs-d'œuvre de l'antiquité, eurent l'influence la plus heureuse sur sa manière, qui s'agrandit et se simplifia encore sans perdre de sa grâce et de sa noblesse. Ce fut à son retour de Venise, en 1562, que Paul Véronèse peignit pour le réfectoire du couvent de Saint-Georges-Majeur son célèbre tableau des *Noces de Cana*. En outre de cette grande cène, il en peignit encore trois autres, *le Repas chez Simon le Pharisien* (de 1570 à 1575), pour le réfectoire des pères Servites; *le Repas chez Simon le Lépreux*, pour le réfectoire des religieux de Saint-Sébastien (1570), et *le Repas chez Lévi*, pour les religieux de Saint-Jean et Saint-Paul. Le premier de ces trois tableaux, donné à Louis XIV en 1665 par la république de Venise, fait partie du Musée du Louvre.

Paul Véronèse était alors tellement recherché,

que c'est à peine si, malgré son extrême assiduité et sa prodigieuse facilité d'exécution, il put suffire à tous les travaux publics et particuliers dont il fut chargé. Des églises presque entières ont été peintes par lui ; le palais ducal est rempli de ses œuvres gigantesques; des maisons de campagne dans les environs de Vicence, de Trévise, de Vérone, sont couvertes de ses fresques, et ses tableaux se trouvent répandus dans toutes les galeries de l'Europe. Son dessin, ferme et noble, qui procède par de grands plans à la manière antique, le doux éclat de sa couleur argentine, la beauté et la grâce de ses têtes, la pompeuse magnificence de ses vastes compositions, enfin l'art admirable, et que lui seul a possédé à ce degré, de représenter sans sacrifice apparent et sans confusion de nombreuses figures enveloppées d'une atmosphère également lumineuse, toutes ces éminentes qualités font de Paul Véronèse un des plus rares génies dont la peinture puisse se glorifier.

Paul Véronèse mourut le 20 mai 1588 d'une fièvre aiguë gagnée dans une procession solennelle faite à l'occasion d'une indulgence accordée par le pape Sixte V. Il était âgé de cinquante-six ans. — Paul Véronèse, dit son biographe Ridolfi, était un homme au cœur noble et généreux. Simple dans ses actions, fidèle observateur de sa promesse, il sut conserver toujours la dignité de sa personne et de sa profession. Point de ces passions violentes, de ces haines retentissantes, de ces querelles d'amour-propre qui ternirent la gloire de quelques-uns des grands génies de ce temps. L'exercice de son art et l'éducation de ses enfants qu'il dirigea lui-même avec un soin extrême, suffirent à absorber sa vie tout entière. De ses deux fils, Carlo ou Carletto et Gabrielle, le premier est le plus connu ; il produisit un grand nombre de tableaux dignes de remarque. Paul Véronèse eut un frère nommé Benedetto (né en 1538, mort en 1598), qui l'aida dans ses travaux et acheva avec ses neveux ceux qu'il laissa non terminés.

Le Musée du Louvre possède douze tableaux de Paul Véronèse.

Les Noces de Cana.

Le Repas chez Simon le Pharisien.

Ces deux tableaux sont placés dans le grand salon carré.

Les Anges faisant sortir Loth et ses filles de Sodome.

Suzanne au bain.

L'évanouissement d'Esther.

La Vierge, l'Enfant Jésus, sainte Catherine, saint Benoît et saint Georges.

La Vierge, l'Enfant Jésus, saint Joseph, sainte Élisabeth, la Madeleine et une Bénédictine.

Jésus guérissant la mère de Pierre.

Jésus sur le chemin du Calvaire.

Le Christ entre les Larrons.

Les Pèlerins d'Emmaüs.

Portrait de femme.

LES
NOCES DE CANA
DE
PAUL VÉRONÈSE

GRAVURE AU BURIN

DE M. Z. PRÉVOST

La gravure est aux arts plastiques ce que l'imprimerie est à la pensée, un puissant moyen de vulgarisation; sans elle un chef-d'œuvre renfermé au fond d'une avare galerie resterait pour ainsi dire inconnu. Ils sont rares ceux qui peuvent, accomplissant un pieux pèlerinage, visiter les tableaux des grands maîtres dans les églises, les palais et les musées d'Italie, d'Espagne, d'Angleterre et de France. Malgré la facilité de communication tous les jours augmentée, il n'est pas donné encore à tout le monde d'aller à

Corinthe. Rome, Venise, Parme, Florence, Naples, Gênes, Madrid, Séville, Londres, Anvers, Bruxelles, Dresde, renferment d'inestimables trésors, éternelle admiration des voyageurs; mais il existe beaucoup d'esprits intelligents, sensibles aux pures jouissances de l'art qui, pour des raisons de fortune et de position, par les occupations d'une vie forcément sédentaire, n'auraient jamais connu certains chefs-d'œuvre de Raphaël, de Titien, de Léonard de Vinci, de Paul Véronèse sans le secours de la gravure, dont l'invention a concordé par un parallélisme providentiel avec la renaissance des arts, comme l'imprimerie avait concordé avec la renaissance de la pensée. La toile unique, la fresque immobile, incorporée à sa muraille, se multiplient indéfiniment par la gravure, vont trouver l'amateur qui ne vient pas à elles, et chacun peut posséder sur le mur de son salon ou de son cabinet, des richesses qui semblaient le domaine exclusif des riches et des puissants de la terre.

Une belle gravure est plus qu'une copie; c'est une interprétation; c'est à la fois une œuvre de patience et d'amour. Il faut que le graveur aime, admire et comprenne son modèle; il faut qu'il s'imprègne de son inspiration, qu'il pénètre dans les sens mystérieux de son talent; car il ne s'agit pas seulement de reproduire exactement les lignes de la composition, les contours des formes, de mettre à leur place les ombres et les clairs, de dégrader habilement les demi-teintes; il faut, avec une seule teinte noire, rendre la couleur générale du maître, faire sentir s'il est clair ou ténébreux, chaud ou froid, blond ou bleuâtre, clair comme Paul Véronèse ou ténébreux comme Caravage, chaud comme Rubens ou froid comme Holbein, blond comme Titien ou bleuâtre comme le Guide; marquer la différence des tons, indiquer par des travaux variés la valeur relative des objets, exprimer avec le burin la touche âpre ou fondue, le faire uni ou heurté, le tempérament même du peintre; ce n'est pas là, certes, un médiocre travail, et l'on n'en vient à bout qu'à force d'étude, de soin, de persévérance, de talent, de génie même. Telle planche qu'on admire a absorbé des années de labeur assidu et coûté par conséquent des sommes considérables, qui dépassent presque toujours et de beaucoup la valeur du tableau reproduit [1].

Les maîtres dessinateurs sont les plus aisés à gra-

1. Le tableau des *Noces de Cana* a été payé à Paul Véronèse 324 ducats d'or, plus ses dépenses de bouche et un tonneau de vin, soit 1,004 fr. 42 c. de notre monnaie qui, à la puissance actuelle de l'argent, représentent environ 3,888 fr.; la gravure que vient d'en faire M. Prévost, a coûté aux éditeurs près de 100,000 fr.

ver; leurs contours arrêtés se saisissent facilement; leurs tableaux modelés dans une harmonie sobre, ne perdent presque rien à être traduits sur cuivre, et l'on peut même dire que plusieurs d'entre eux, à cause de leurs tons enfumés et rembrunis, sont plus agréables à voir dans de belles estampes qui leur conservent tout leur charme moins leur dureté de couleur et les altérations du temps.

Les coloristes, par la nature même de leur talent, offrent de plus grandes difficultés; comment traduire avec les dégradations d'une teinte unique ces variétés et ces contrastes de nuances? Quel peintre, par exemple, plus rebelle à la gravure que Paul Véronèse, et où trouver un artiste assez hardi pour aborder avec le burin ce gigantesque tableau des *Noces de Cana*, la page la plus merveilleuse de cette grande épopée de festins traitées par le peintre vénitien : *le Repas chez Simon le Pharisien*, *le Repas chez Lévi*, *le Repas chez Simon le Lépreux*? Comment affronter non-seulement cette sérénité lumineuse de sa couleur, mais encore cet immense déploiement d'architecture et de personnages? Comment renfermer dans un format réduit des compositions qui contiennent tout un monde de figures et de détails?

Ces difficultés n'ont pas arrêté M. Prévost. Mais

avant de dire comment il a réussi à les vaincre nous allons tâcher de donner une traduction écrite de ce tableau sans rival.

Les noces miraculeuses ont lieu dans un vaste portique ouvert, d'ordre ionique avec des colonnes de brocatelle rose de Vérone, dont l'entablement soutient des balustrades sur lesquelles se penchent quelques curieux. La table, disposée en fer à cheval, porte sur un magnifique pavé de mosaïque. Une terrasse à balustres, dont les rampes ornées de boules descendent vers la salle du festin, coupe à peu près la composition en deux zones et l'étage heureusement. De splendides architectures aux frontons de marbre blanc, aux colonnes corinthiennes cannelées, continuent la perspective et détachent leurs formes lumineuses sur un de ces ciels d'un bleu de turquoise où flottent des nuages d'un gris argenté, comme Paul Véronèse sait si bien les peindre, et qui sont particuliers au climat de Venise; un élégant campanile à jour et surmonté d'une statue qui rappelle l'ange d'or du campanile de la place Saint-Marc, laisse jouer l'air et les colombes à travers ses arcades.

Au milieu de la composition, à la place d'honneur, rayonne dans sa sérénité lumineuse, ayant à côté de lui sa mère divine, Jésus-Christ, l'hôte céleste, prononçant les paroles miraculeuses qui changent l'eau en vin; autour de lui sont groupés les convives avec différentes attitudes d'étonnement, d'insouciance et d'incrédulité; dans l'espace laissé vide, au centre du fer à cheval, des musiciens exécutent un concerto, des serviteurs versent l'eau des amphores dans les vases où elle se change en un vin généreux. Sur la terrasse du fond, s'agite et s'empresse tout un monde d'esclaves et d'officiers de bouche, pannetiers, sommeliers, écuyers tranchants, qui apportent les mets, découpent les viandes et vont prendre les plats et les aiguières à un grand dressoir disposé sous une des colonnades; sur les rampes et les garde-fous des toits, s'accoude une foule curieuse qui contemple de loin la vaste cène symbolique.

Malgré l'époque où le miracle eut lieu, les personnages sont habillés à la mode du temps de Paul Véronèse, ou dans un goût fantasque qui n'a rien d'antique. Des pédants ont critiqué ces anachronismes de costume, volontaires assurément chez un artiste aussi savant que Paul Véronèse[1]. Un poëte s'est chargé

1. Un des biographes contemporains de Paul Véronèse donne l'explication de ces anachronismes, certainement volontaires, de costumes et de personnages. En réunissant autour d'une même table, dans une même fête, et dans un même sentiment ces convives de conditions, de pays et de religions si diverses, Paul Véro-

de leur répondre, et nous transcrivons ici ces vers qui résument si heureusement le caractère de l'artiste.

Lorsque Paul Véronèse autrefois dessina
Les hommes basanés des *Noces de Cana*,
Il ne s'informa pas au pays de Judée
Si par l'or ou l'argent leur robe était brodée,
De quelle forme étaient les divins instruments
Qui vibraient sous leurs doigts en ces joyeux moments;
Mais le Vénitien, en sa mâle peinture,
Fit des hommes vivants comme en fait la nature.
Sur son musicien on a beau déclamer,
Je ne puis pour ma part m'empêcher de l'aimer.
Qu'il tienne une viole ou qu'il porte une lyre,
Sa main étant de chair, je me tais et j'admire.

La fantaisie du peintre a introduit dans cette immense composition les portraits d'un grand nombre de personnages célèbres. D'après une tradition écrite conservée dans le couvent de Saint-Georges et reproduite par M. Villot dans le nouveau livret du Musée, il paraît que l'époux assis à gauche, à l'angle de la table et à qui un nègre debout, de l'autre côté, présente une coupe, serait Don Alphonse d'Avalos, marquis de Guast, et la jeune épouse placée près de lui, Éléonore d'Autriche, reine de France; derrière

nèse, dit-il, a voulu symboliser l'effet de la parole divine qui devait un jour changer toutes les croyances comme aux noces de Cana elle changeait l'eau en vin, symboliser aussi les destinées futures du christianisme qui devait un jour réunir le monde entier dans une même communion. (*Note des éditeurs.*)

elle, un fou avance, entre deux colonnes, sa tête coiffée d'un bonnet garni de grelots et de plumes de perroquet. François Ier, casqué d'une toque bizarre, est assis à côté d'elle; vient ensuite Marie, reine d'Angleterre, vêtue d'une robe de damas jaune, et se penchant comme pour suivre la conversation; Soliman Ier, empereur des Turcs, est près d'un prince nègre — le Prêtre-Jean, sans doute, qui parle à un de ses serviteurs. Vittoria Colonna, marquise de Pescaire, la grande amie de Michel-Ange, joue avec un cure-dent; à l'angle de la table, l'empereur Charles-Quint, vu de profil, porte l'ordre de la Toison. Paul Véronèse s'est représenté lui-même avec les plus habiles peintres de Venise, ses contemporains, au milieu du groupe de musiciens qui occupe le devant du tableau; il est en habit blanc et joue de la viole; derrière lui, le Tintoret l'accompagne avec un instrument semblable; de l'autre côté, Titien joue de la basse; le vieux Bassan joue de la flûte; enfin, celui qui est debout, vêtu d'une étoffe brochée et qui tient une coupe remplie de vin, est Benedetto Caliari, frère de Paul.

C'est ce musicien, jouant de la viole, qui a inspiré à M. Antony Deschamps les beaux vers que nous avons cités plus haut.

Le tableau des *Noces de Cana* était primitivement placé au fond du réfectoire du couvent de Saint-Georges-Majeur; c'est à la suite des campagnes d'Italie qu'il vint enrichir notre Musée où se trouvaient alors réunies les quatre grandes pages dont nous avons parlé plus haut[1]. De ces quatre chefs-d'œuvre, *les Noces de Cana* sont le plus radieux; nous qui avons admiré Paul Véronèse à Venise, aux Beaux-Arts, dans le Palais des Doges, dans l'église Saint-Sébastien, qui est comme son panthéon, nous pouvons affirmer que jamais son astre n'est monté plus haut dans le ciel des arts.

Paul Véronèse doit être mis parmi les quatre ou cinq premiers noms de la peinture, malgré l'espèce de préjugé qui semble classer au second rang les peintres de fêtes, de repas et de sujets d'apparat. Rien n'est plus grave, dans la signification de l'art, que cette peinture si gaie. Paul Véronèse n'est pas seulement un brillant coloriste, c'est aussi un grand dessinateur. Personne mieux que lui n'a établi une charpente humaine par grands plans simples à la

1. En 1815, le gouvernement autrichien, reconnaissant l'impossibilité ou tout au moins les dangers du transport de cet immense tableau, consentit à nous le laisser et à l'échanger contre une peinture de Lebrun représentant *le Repas chez le Pharisien*.

manière antique. Chez lui, tout est à sa place, tout s'enmanche, tout porte; les mouvements partent du centre d'action, se déduisent, s'enveloppent avec une suite et une logique admirables. Ce peintre, que beaucoup regardent comme un éblouissant décorateur, s'est préoccupé, plus que pas un, du dessin général. Qui que ce soit, pas même Michel-Ange, pas même Raphaël, ne tracerait d'une main plus savante le grand trait qui circonscrit ses figures. Son modelé, pour n'être pas minutieux, ne laisse rien à désirer, et ses détails, si sobres et si larges, montrent une habileté consommée, qui connaît la puissance d'une touche mise à sa place et ne se trompe jamais. Ce qu'on ne saurait trop louer dans Paul Véronèse, c'est la justesse et le sentiment de relation. Ce merveilleux coloriste n'emploie ni rouges, ni bleus, ni verts, ni jaunes vifs. Ses tons qui, pris à part, seraient gris ou neutres, acquièrent par la juxtaposition une puissance et un éclat surprenants. Il sait d'avance la part de chacun dans l'effet général, et ne les pose qu'avec une certitude, pour ainsi dire, mathématique : une nuance ne prend de valeur que par le voisinage d'une autre, et les localités se balancent entre elles avec une harmonie sans égale. Et tout cela est obtenu sans sacrifices apparents. Une lumière argentée baigne tous les objets, et sous ce rapport, on peut dire que Paul Véronèse est un coloriste supérieur à Titien lui-même, qui a recours aux oppositions vigoureuses et dore ses teintes d'un glacis couleur d'ambre.

Et puis, quelle facilité à remuer ce que, dans le langage spécial de l'art, on appelle les grandes machines; quelle facilité à distribuer, sans désordre et avec animation pourtant, une foule en étage, en groupes, en pyramides, à la ranger autour d'un de ces banquets gigantesques qui semblent les agapes de l'humanité, dans ces vastes architectures aux balustrades et aux colonnes de marbre blanc, qui laissent transparaître l'azur vénitien à travers leurs interstices.

Quelle fête splendide pour les yeux et quel sujet véritablement humain malgré son apparente insouciance que ces *Noces de Cana*. Les gens qui ne voient que l'écorce des choses et qui pleurent d'attendrissement aux sentimentalités romanesques, ont parfois accusé Paul Véronèse d'être froid et de manquer de cœur, de n'avoir pas de passion, d'être sans idée et sans but, et de se complaire uniquement aux merveilles d'une exécution prodigieuse. Jamais peintre n'eut un plus haut idéal. Cette fête éternelle de ses tableaux a un sens profond; ses festins sont tout symboliques, car l'on y mange à peine; et ce n'est pas le feu de l'ivresse qui anime les yeux bruns de ces beaux groupes d'hommes et de femmes, mais un sentiment de joie universelle et d'harmonie générale.

M. Prévost ne pouvait donc consacrer son burin à la reproduction d'un plus noble chef-d'œuvre; mais en même temps que de difficultés dans l'exécution d'une pareille entreprise! Jusqu'alors, nous l'avons déjà dit, elle avait découragé tous les graveurs au burin. Les reproductions qui existent des *Noces de Cana* ne peuvent en effet être considérées comme des œuvres sérieuses. Celles de Mitelli et de Vanni, exécutées dans le XVIIe siècle, sont à l'eau forte et si peu dans le caractère, que l'on doit les supposer faites d'après des copies fort incorrectes; et quant aux camaïeux de Jackson, aux vignettes des recueils de Filhol et Landon, ce sont des à peu près tellement incomplets, qu'il n'y a rien à en dire. M. Prévost, au contraire, s'est entouré dès le début de son œuvre, de toutes les précautions possibles pour s'assurer la plus scrupuleuse fidélité : pendant qu'une remarquable copie, exécutée exprès par un artiste de grand talent, M. Charles Béranger, maintenait sans cesse sous ses yeux l'effet général, l'ensemble et aussi les détails secondaires du tableau, lui-même prenait sur l'original les calques des personnages et de tous les détails principaux.

M. Z. Prévost arrivait d'ailleurs à cet immense travail qui fera époque dans sa vie d'artiste, préparé par des succès nombreux et possédant l'infaillible certitude de talent nécessaire pour rendre les beautés d'un tel maître. La *Corinne*, d'après Gérard; *le saint Vincent de Paul*, d'après Paul Delaroche; quatre grandes planches mezzo-tinte des *Moissonneurs*, de *la Madonna dell' Arco*, des *Pêcheurs de l'Adriatique*, de *l'Improvisateur Napolitain*, d'après Léopold Robert, toutes ces grauvures si remarquables par la puissance de la couleur et de l'effet, montrent que M. Z. Prévost était un assez rude jouteur pour se mesurer avec Paul Véronèse.

Les dix années d'un labeur opiniâtre et assidu qu'il vient de consacrer à la glorification et à la propagation d'un chef-d'œuvre, l'honneur du génie humain, ne seront pas perdues pour sa gloire. Son travail est le plus vaste, le plus certain, le plus soigné, le plus complet qui ait jamais été mené à bout sur le magnifique tableau de Paul Véronèse; c'est la première fois que les *Noces de Cana* passent de la toile sur le papier fidèlement traduites, avec leur large ensemble et leurs détails multiples. Aussi, lorsque les siècles par leur lente action auront fait évanouir comme des ombres légères toutes ces merveilles, que l'on tâche avec un soin jaloux de retenir sur leurs frêles toiles et leurs panneaux vermoulus, lorsque Raphaël, Titien, Corrège n'existeront plus qu'en souvenir sur leurs belles estampes, la gravure de M. Z. Prévost permettra à l'œil de l'âme de célébrer encore cette rayonnante agape des *Noces de Cana;* sa planche consciencieuse aura conservé tout, la fastueuse ordonnance, la vague légèreté du ciel, la blancheur de l'architecture, le caractère des physionomies, le ton basané des têtes, le miroitement des velours, les frissons des taffetas, l'orfroi des brocarts et le flamboiement tranquille de la superbe couleur vénitienne.

59

NOTE ADDITIONNELLE,

Pour servir au Mémoire de M. GALLET, l'aîné, Négociant, rue Saint-Denis ;

Présenté à la Municipalité de Paris, le 22 Novembre 1790.

VOULANT satisfaire tous les citoyens qui m'ont demandé des exemplaires de mon mémoire, j'en ai fait une seconde édition.

A peine ce mémoire a paru, que M. *Vauvilliers*, qui, apparemment, en craint les suites, a envoyé à la Ferté-Milon un sieur *Léger*, à l'effet d'obtenir de M. *Colombe*, préposé dans le tems à la garde de mes magasins, une *rétractation* au certificat, dont il est parlé à la page 12 du mémoire.

M. *Colombe* est un brave homme ; il ne s'est pas laissé corrompre. Il est vrai qu'il a assisté à un souper que le sieur *Léger* avoit fait préparer pour l'endoctriner plus à son aise ; mais il m'apprend en même-tems qu'il n'a accepté ce souper que pour m'instruire des réponses qu'il a faites aux propositions insidieuses du sieur *Léger*, avec lequel il doit avoir un dernier entretien, dont il me fera également part.

C'est ainsi que M. *Vauvilliers*, cet homme qu'on dit si dévôt, si vertueux, sur-tout si *désintéressé*, fait employer des menées sourdes et ténébreuses

Vp 7565

www.ingramcontent.com/pod-product-compliance
Ingram Content Group UK Ltd.
Pitfield, Milton Keynes, MK11 3LW, UK
UKHW021029220726
13924UKWH00001B/211